Détails

DE L'INCENDIE DU CIRQUE

DE

MM. FRANCONI.

IMPRIMÉ CHEZ PAUL RENOUARD,
RUE GARENCIÈRE, Nº 5.

DÉTAILS

EXACTS, CIRCONSTANCIÉS ET COMPLETS

DE L'INCENDIE

Du Cirque-Olympique

DE

MM. FRANCONI,

DANS LA NUIT DU 14 AU 15 MARS;

Par E. M. de Saint-Hilaire,

TÉMOIN OCULAIRE.

. . . . Et quorum pars magna fuit.

VIRG.

Je l'ai vu, dis-je, vu de mes propres yeux, vu,

Ce qu'on appelle vu. . . . .

MOI.

Prix : 75 cent.

SE VEND A PARIS,

AU PROFIT DES FRÈRES FRANCONI;

A LA LIBRAIRIE FRANÇAISE ET ÉTRANGÈRE

DE H. SEGUIN,

RUE SAINT–JACQUES, N° 41.

1826.

Détails

DE L'INCENDIE DU CIRQUE

DE

MM. FRANCONI.

La famille Franconi. — Dernière représentation de l'incendie de Salins. — Minuit. — Commencement de l'incendie. — Ses causes présumées. — Canal Saint-Martin. — Le corps des pompiers. — Les 47ᵉ régiment de ligne et 17ᵉ léger. — La gendarmerie de Paris. — Les citoyens. — M. Marty, régisseur du théâtre de la Gaîté. — Intensité de l'incendie. — M. le préfet de police. — Cinq heures du matin. — Trois heures de l'après-midi. — Franconi jeune. — Madame Franconi et ses enfans. — Mademoiselle Minette Franconi. — M. Sergent, chef d'orchestre du Cirque. — M. Franconi aîné. — M. Guérin, adjudant-major du corps des pompiers. — Lettre de MM. Franconi. — Évaluation des pertes. — Le sieur Renaud, limonadier du théâtre. — Souscriptions. — Représentations à bénéfices. — Anecdote. — Nouveau privilége.

Encore des désastres causés par le feu.... Encore des victimes nouvelles.... Deux heures ont suffi pour anéantir une fortune et l'avenir d'une nombreuse famille également recommandable...., une fortune acquise en trente années de travaux continuels, et à force de talent et d'industrie !....

C'était le mardi (14 mars) ; MM. Franconi venaient de représenter avec le succès qui les accompagne toujours, l'*Incendie de Salins*, l'un de leurs mimodrames le plus effrayant de vérité. Le spectacle s'était terminé à 11 heures comme à l'ordinaire, les rondes de pompiers avaient eu lieu, comme c'est la stricte coutume, et rien n'annonçait encore l'événement affreux, qui, sans doute, se préparait déjà. Il était minuit !

A une heure le pompier préposé à la garde du théâtre sentit une odeur de fumée ; présumant qu'elle était causée par quelques quinquets mal éteints, laissés dans les loges des acteurs ou dans les corridors adjacens, il commence une nouvelle ronde pour s'en assurer ; il ne trouve rien et revient sur le théâtre, lorsqu'il se voit entouré d'une vapeur épaisse qui paraissait sortir du plancher, et qui lui fit juger que le danger était là (1).

Mais tout-à-coup des flammes l'entourent, et en moins d'une seconde, le danger devient si imminent qu'il se voit contraint de chercher son salut dans la fuite en traversant le *pont de service*, placé à l'extrémité de la salle. Les cris, *au feu!* attirent quelques voisins, et l'alarme se répand aux alentours ; on appelle le secours........ Pendant ce temps une pluie de feu, et des cendres rouges inondent les maisons voi-

---

(1) Il y a plusieurs versions sur l'origine du feu, et l'on ne sait encore à quelle cause attribuer cet incendie : les uns pensent que c'est une portion d'artifice qui sera tombée dans les souterrains, et qui n'aura fait explosion que plusieurs heures après la représentation ; d'autres présument que ce peut être une chandelle allumée, oubliée dans le vestiaire.

Ceux-ci prétendent que le feu a commencé du côté du Café du théâtre.

Ceux-là vont même jusqu'à dire que le feu a éclaté à-la-fois sur trois points différens ; idée que nous nous empressons de repousser, parce qu'elle est fausse, affreuse et impossible à croire. Très vraisemblablement ce malheur ne doit être imputé qu'à la négligence de quelques subalternes.

sines (1), et déjà la lueur de l'incendie était si vive que ce côté de la capitale était éclairé comme en plein jour.

Heureusement le vent n'avait aucune violence. Les secours du voisinage suivis promptement des secours plus efficaces du corps entier des braves pompiers de la ville de Paris, de la gendarmerie, et d'un détachement des 47ᵉ régiment de ligne et 17ᵉ léger permirent de circonscrire le foyer de l'incendie, sans qu'il fût possible d'en diminuer l'intensité. Trentedeux pompes toujours en mouvement; la chaîne avait été formée par les citoyens, elle s'étendait jusqu'au canal Saint-Martin.

A deux heures, M. le préfet de police accourut, et vint diriger lui-même les travaux. La présence de ce digne fonctionnaire, et son exemple surtout, ne contribuèrent pas peu à stimuler le zèle des nombreux travailleurs. On remarquait parmi les plus ardens et les plus dévoués M. Marty, régisseur du théâtre de *La Gaîté*, aussi recommandable par son talent que par les qualités qui distinguent le bon citoyen et l'ami sincère.

Malgré leurs puissans efforts, ce n'est qu'à cinq heures du matin que l'on put se rendre maître du feu; à neuf heures, il paraissait à-peu-près éteint, et il ne le fut complètement qu'à trois heures de l'après-midi.

Je n'entreprendrai pas le détail des actes de dé-

____

(1) Des flammèches, lancées jusque sur le canal Saint-Martin, ont mis le feu à des toiles goudronnées et à quelques planches qui étaient dans le chantier de construction.

Un grainetier, dont la boutique touchait au Cirque, eut l'un de ses greniers consumé si promptement, qu'il n'eut que le temps de sauver quelques-unes de ses marchandises placées dans un autre presque adjacent, encore eut-il la douleur de les voir fouler aux pieds dans la bagarre inséparable d'un tel événement.

voûment, du zèle, des preuves non équivoques d'intérêt données en cette triste circonstance à des artistes qui s'étaient concilié l'estime générale. Témoin oculaire des évènemens de cette nuit désastreuse, il me faudrait citer les actions de chaque spectateur accouru au premier signal du danger; il me suffira de dire que, magistrats, citoyens, officiers et soldats, tous à l'envi redoublaient d'efforts pour servir, pour consoler les malheureuses victimes, et disputer aux flammes quelques parcelles d'un bien qu'ils mirent toujours en commun.

M. Franconi jeune, qui, avec sa nombreuse famille, occupait un appartement à la façade du théâtre, était profondément endormi, et ce n'est qu'en cassant une vître de sa croisée qu'on est parvenu à l'avertir; car déjà la coupole était enflammée, et il était impossible de pénétrer dans l'intérieur de la salle. Aux cris de leur père, les jeunes filles et les enfans logés dans les petites chambres séparées, sont accourus, et leur effroi, à la vue des flammes qui les entouraient, jetait encore plus de trouble dans cette scène de désolation.

Enfin, madame Franconi, dont la présence d'esprit semblait s'accroître en même temps que le danger, ne s'est pas démentie un instant; elle a fait attacher des draps aux barreaux de la fenêtre, et, donnant l'exemple la première, elle est descendue tenant serré contre son sein le plus jeune de ses enfans; les demoiselles, enveloppées dans des schalls et dans des mantes, ont suivi leur mère. L'une d'elles, l'aînée, jeune personne d'une beauté remarquable, se laissait, comme ses sœurs, glisser à l'aide de cette échelle flottante, lorsqu'un tourbillon de flammes est venu l'envelopper; éperdue, elle laisse échapper le faible appui qui la soutenait, et tombe privée de connaissance dans les bras de son beau-frère, M. Sergent, chef d'orchestre du Cirque, qui, doué d'une force peu commune, a rendu cette chute moins périlleuse. Franconi jeune ayant ainsi assuré le salut de toute sa famille, est descendu le dernier, à l'instant où le feu, se faisant jour à travers les portes, et pénétrait déjà de toutes parts dans l'appartement.

M. Franconi aîné, qui demeure dans la rue de Malte, a été prévenu par quelques soldats qu'on lui a dépêchés. Il est accouru avec toute la troupe d'écuyers ; ses craintes les plus vives portaient sur son frère et sur sa famille, et quand il a su qu'ils étaient sauvés, il s'est mis à la tête des travailleurs avec un sang-froid remarquable (1). Les écuyers ont donné des preuves d'une rare intrépidité. Paul est monté trois fois dans l'appartement de M. Franconi ; trois fois il a rapporté des bijoux, de l'or, de l'argenterie, et ce n'est que par les ordres réitérés de M. le préfet de police qu'il a abandonné aux flammes quelques objets précieux qu'il voulait sauver encore ; l'évènement a prouvé qu'ils étaient dictés par une sage prudence ; car à peine avait-il quitté l'appartement pour la dernière fois, que le plancher s'écroula. Bastien et Adolphe Franconi l'ont suivi avec beaucoup de courage.

(1) Cette crainte a été si violente pendant le temps qui s'est passé entre le premier moment où M. Franconi aîné a été prévenu, et celui où il a pu arriver sur les lieux, qu'en voyant sa famille sauvée, l'émotion de la joie lui a causé une sorte d'évanouissement dont il n'est sorti que pour se jeter dans les bras de son jeune frère, sans donner, pendant quelque temps, la moindre attention au désastre qui dévorait sa propre fortune : ce trait de tendresse fraternelle et d'abnégation tirait les larmes des yeux de tous les spectateurs de cette scène de désolation. Et les frères Franconi, calmes au milieu des décombres, leur disaient : *Eh bien ! mes amis, nous recommencerons !*

Le spectacle de cet incendie était à-la-fois terrible et imposant. Le silence de la nuit n'était troublé que par les ordres que les chefs donnaient à leurs soldats. Les flammes de mille couleurs qui s'échappaient de ce vaste foyer se réflétaient jusque sur les montagnes de Belleville et Ménil-Montant, en éclairant d'une manière funèbre les tombes du vaste cimetière de Mont-Louis.

Sur les toits des maisons du faubourg du Temple, les pompiers, avec leurs casques brillans, opposaient, en vain, des torrens d'eau aux torrens de flammes que le vent précipitait sur eux ; et dans la rue, assise sur des décombres encore fumans, la famille éplorée des Franconi contemplait ce sinistre tableau en regardant détruire l'espoir de son avenir.

Un grand nombre de zélés citoyens ont été plus ou moins grièvement blessés. On cite trois grenadiers du 47e régiment, plusieurs pompiers; l'un d'eux, de garde avant l'incendie, en se précipitant par une fenêtre, a eu la poitrine frappée d'une charpente; le second, en se hâtant de conduire une pompe, a été renversé, et la roue lui a fracassé la cuisse. Son camarade, gardien comme lui, fut englouti sous les décombres; il n'avait pas encore été retrouvé à huit heures du matin. M. Guérin, adjudant-major de ce corps, a été renversé par des débris de mur, enflammés, et son casque, seul, l'a probablement préservé d'une mort certaine. Il nous a été rapporté aussi que M. Bolangier, officier en retraite demeurant rue du Carême-Prenant, no 14, avait reçu une blessure non moins grave, après avoir rendu les plus grands services au péril de ses jours.

Plusieurs pompiers et soldats manquaient à l'appel qui fut fait à dix heures du matin. Cependant on espère qu'ils n'auront pas péri..... Plaise à Dieu qu'il en soit ainsi!

Le lendemain de ce jour déplorable, MM. Franconi adressèrent aux rédacteurs de tous les journaux de la capitale la lettre suivante, qu'ils s'empressèrent de publier :

MESSIEURS,

« Certains que nous sommes, de l'intérêt que vous
« voudrez bien prendre au malheur qui nous accable,
« nous vous adressons quelques détails sur l'affreux
« événement de cette nuit.

« A une heure du matin l'incendie de notre théâtre
« s'est déclaré de la manière la plus violente. Com-
« ment et par où le feu a-t-il d'abord pris? C'est ce
« qu'il est encore impossible de dire. La famille de
« M. Franconi jeune, qui avait sa demeure dans le
« théâtre, eut à peine le temps d'échapper aux flam-
« mes qui envahissaient le cirque de toutes parts, en
« se sauvant par les fenêtres qui donnent sur la rue
« du Faubourg-du-Temple. En trois heures de temps,
« tout fut dévoré par le feu, mobilier particulier,
« costumes, décorations, harnachement, tout. L'ou-
« vrage, le fruit de trente années de travaux ont été
« détruits en un instant. On n'a pu retirer des ruines
« de notre établissement que quelques lingots prove-
« nant de l'argenterie de M. Franconi jeune et quel-
« ques rouleaux de louis provenant de la recette du
« mois.

« Nous avons entendu demander autour de nous
« comment il se faisait que nous ne fussions pas as-
« surés. La réponse, Monsieur, est facile. Nous at-
« tendions pour prendre cette mesure le nouveau

« privilège que nous sollicitions de l'autorité, et qui
« devait seul assurer notre existence future et celle de
« notre nombreuse famille. Depuis quelques années,
« nous ne continuions nos travaux, que par le simple
« bénéfice de la prolongation de notre ancien privi-
« lège.

« Dans la persuasion où nous sommes, Monsieur,
« que toute votre bienveillance nous est acquise,
« nous ne nous permettrons de tracer à cette même
« bienveillance aucun langage, aucune mesure qui
« puissent attirer sur nous l'intérêt public.

« Nous avons, etc. »

Dans la soirée du même jour MM. Franconi com-
muniquèrent encore la note suivante, qui ne pouvait
qu'inspirer en leur faveur un intérêt plus vif s'il eût
été possible :

« Nous venons d'apprendre à l'instant que des fri-
« pons se sont présentés dans plusieurs maisons, avec
« un papier revêtu de diverses signatures, sous pré-
« texte de faire une collecte en notre faveur. Nous
« vous prions de démentir sur-le-champ une mesure
« si indigne de nous que nous jugeons inutile de la
« qualifier.

FRANCONI frères. »

On évalue la perte totale à 700,000 fr. Le Cirque
de MM. Franconi n'était pas assuré.

Cependant on est parvenu à sauver quelques objets.
La caisse était dans un bureau situé à l'étage inférieur,
mais lorsque l'incendie a été connu, il n'était déjà
plus possible d'y arriver. Cette caisse contenait une
cinquantaine de mille francs. L'or et l'argent ont été
retrouvés en lingots, et par une fatalité inconcevable,

Franconi jeune avait différé depuis quelques jours un paiement qu'il devait effectuer pour une propriété qu'il a acquise auprès de Montargis. Il avait déposé dans la caisse commune 30,000 francs en billets de banque qui ont été brûlés.

La recette du jour avait été sauvée. Mais les magasins de costumes, les décorations, toutes espèces d'ustensiles, la sellerie, les équipages de campagne, la lingerie, les instrumens, etc., etc., tout a été dévoré par les flammes.

L'une des victimes de ce désastre les plus à plaindre, est le limonadier du Café attenant au Cirque, M. Rénaud, qui, à peine rétabli d'une longue maladie, a eu beaucoup de peine à se sauver avec sa femme, et se trouve entièrement ruiné; M. Mary, limonadier au café de ce nom, rue de l'Arbre-Sec, n° 31, au coin de la rue des Fossés-Saint-Germain-l'Auxerrois, nous invite à annoncer qu'il a ouvert chez lui une souscription pour son malheureux confrère.

Nous venons de communiquer à nos lecteurs les détails que nous avons recueillis, et dont nous avons été témoin, relatifs aux désastres du Cirque-Olympique. Ce récit suffirait seul pour captiver l'intérêt. Nous croyons donc remplir un devoir sacré, en appelant, sur les victimes de l'incendie du Cirque, toute la sollicitude des nombreux habitans de la capitale.

Le nom des frères Franconi est populaire, non-seulement à Paris, mais dans toutes les parties de la France, où leur industrieuse activité s'est fait applaudir. Il ne se rattache pas seulement aux plaisirs du public, mais au noble usage qu'ils ont fait, plus d'une fois, de leur talent et de leur zèle. C'est sur leur théâtre que fut célébrée le plus fidèlement, et avec le plus de succès, la gloire française, notre gloire de toutes les époques. Le jour de leur malheur était consacré lui-même par une de leurs bonnes actions ; car nous ne devons pas nous dissimuler l'influence que les représentations de l'*Incendie de Salins* ont exercée sur la générosité nationale en faveur des habitans de cette ville infortunée. A minuit, la dernière étincelle de cette représentation trop fidèle d'un désastre déjà réparé, a peut-être ocasionné le désastre nouveau sur lequel nous appelons l'intérêt de nos lecteurs. La cause du malheur des frères Franconi est donc déjà, par elle-même, un titre à la bienveillance française. Il ne reste plus de cet intéressant établissement que la mémoire des plaisirs du public, et celle du zèle et du patriotisme qui animaient les directeurs de ce théâtre ; ce souvenir ne sera point perdu !

Une conduite irréprochable et une probité reconnue, faisait vivre cent familles ; tout nous répond donc que l'intérêt que ces circonstances réunissent ne sera pas stérile. L'autorité et le public n'abandonneront pas ceux qui n'ont jamais abandonné les indigens, et qui faisaient de leur industrie l'usage le plus honorable.

Déjà, le Roi, LL. AA. RR. MADAME LA DAUPHINE, MADAME duchesse de Berry, Monseigneur le duc d'Orléans et les différens ministères, entr'autres celui de la maison du Roi, ont déposé leur offrande les premiers.

Tous les théâtres annoncent l'intention de suivre l'exemple du théâtre de *Madame*, et des souscriptions sont ouvertes

1º *Au Bureau du Journal de Paris, rue de la Monnaie, nº 11, et aux Bureaux de tous les Journaux de la Capitale ;*

2° *Au Café du Canal-St.-Martin, par M. LE-DOUX, capitaine des Pompiers;*

3° *Chez M. KRETZ, propriétaire, rue Bourg-l'Abbé, n° 35;*

4° *MM. DELAHOUSSAYE, Fabricans, rue Sainte-Avoie, n° 66;*

5° *JISSON fils, rue de la Tour, n° 7;*

6° *Madame LARUE, rue Notre-Dame-de-Nazareth, n° 29;*

7° *M. LAFITTE, banquier, rue d'Artois, etc., etc.*

Le Roi, par une décision du 16 de ce mois, vient d'ordonner que des représentations extraordinaires seront successivement données à tous les théâtres royaux au bénéfice des malheureux incendiés (1).

Nous apprenons aussi que S. Exc. le ministre de l'intérieur, prenant en considération le malheur que MM. Franconi viennent d'éprouver, et voulant leur faciliter les moyens de faire reconstruire leur salle, a, par arrêté en date du même jour, accordé à ces habiles écuyers, un nouveau privilége de 5 ans.

« Offrons en attendant (dit un des journaux littéraires de la capitale le plus spirituel) un moyen aussi

____

(1) Le danger que coururent S. M. et son auguste fils, à la descente de Fismes, en allant se faire sacrer à Reims, est encore présent à nos cœurs, et nous remercions chaque jour la *divine Providence qui était là* *.

On n'a pas oublié que M. Franconi jeune, qui était allé au-devant du Roi, ayant appris cet évènement, accourut ventre à terre pour prévenir, de la part de l'officier-général qui précédait le Roi, le commandant de l'artillerie placée à Tinqueux, de ne pas tirer quand S. M. approcherait.

En effet, les cent vingt coups de canon ne furent tirés que lorsque le Roi fut entré dans Reims.

* Expressions de Monseigneur LE DAUPHIN.

prompt qu'honorable de réparer en partie ce que les frères Franconi viennent de se voir enlever. Que la ville de Paris prête son Champ-de-Mars à ces habiles écuyers, et là, au milieu de toute une population attirée par l'attrait d'une bonne œuvre, qu'ils *recommencent* ces exercices de voltige dans lesquels l'adresse de leurs élèves brille au plus haut degré. »